JN437032

제주행 기차를 타다

김형철 시집
제주행 기차를 타다

인쇄 2019년 2월 18일
발행 2019년 2월 22일

지은이 김형철
발행인 서정환
펴낸곳 신아출판사
주소 전라북도 전주시 완산구 공북1길 16
전화 (063) 275-4000
팩스 (063) 274-3131
이메일 sina321@hanmail.net
출판등록 제465-1984-000004호
인쇄 · 제본 신아출판사

ISBN 979-11-5605-605-8 03810
값 8,000원

이 도서의 국립중앙도서관 출판예정도서목록(CIP)은 서지정보유통지원시스템 홈페이지(http://seoji.nl.go.kr)와 국가자료공동목록시스템(http://www.nl.go.kr/kolisnet)에서 이용하실 수 있습니다. (CIP제어번호: CIP2019005761)

Printed in KOREA

제주행 기차를 타다

김형철 시집

신아출판사

작가의 말

파랑새 날다
첫 시집이 도전이라면
두 번째는 일상이다
변화는 누구나 경험하지만
긍정적 변화를 끌어내는 힘
신념도 노력도 따른다

한 편도 어렵다는 공모전 시
하루에 몇 편도 쓰는
누구나 쓸 수 있는 편한
생활 시

화려한 꽃만 꽃인가
들꽃도 들여다보면 아름답다
내가 쓰고 내가 들여다보는
이야기가 있는 시

제주행 기차를 타다

은하철도 999
내 어린 시절 우주로 달렸는데

공부 잘하는 아이들의 꿈이 의사인 나라
슈바이처 꿈도 살아났으면 좋으련만
그마저도 꿈이 없는 아이들
아니 건물주가 꿈이라는 아이들
발칙한 상상
아이들이 그랬으면 좋겠다
어른들도 그랬으면 좋겠다

감성 느낌 스쳐 가지만
기록하면 글이 되고 시가 되어
한 해를 정리하는 시로 쓰는 자서전
제주행 기차를 타다
출발~~

2018. 12. 31.

김형철

목차

2부

단 시

3부

사랑에 빠지면

4부

행복으로 가는 길

5부

가을이야기

6부

여행을 떠나요

7부

학교에서

8부

지구야 놀자

시로 떠나는 여행 옛 전라선 간이역 서도

1부

-

시집살이

탄생

조리개 열어 빛 노출
사진 시집 탄생
빅뱅이다

인쇄되어 나온 첫 작품
따끈한 감촉 찌릿한 순간

파랑새 날다
일 년 동안 쓴 여행 생활시
그리고 사진

출산 고통 기쁨 이런 걸까
아이 좋아

시집오다

간만에
시집들이다

물꼬 터
사고 또 사고

책꽂이 책장 사다 보면
서재 딸린 집 살라

무소유 꿈꾸더니
사고 날라

시가 어려워

시집 샀건만
도통 깡통
유행 타나 보다

신춘문예 당선작
달나라 시

시인만 찾아 어려워지나
시가 어려워 외면하나

초콜릿 토막
단시 만나고

거지 시

시
누구나 쓰는 거지
면허증 따로 있나
시로 밥 먹는 사람 아니라면
아마추어인 거지

거지도 시어
거지도 시인

거지가 먼
미친
벼락 맞는 거지

거지 시
거리의 시인

거리의 시인

육자배기
흥얼흥얼 시가 노래 되어
세상이 열린 무대

온갖 상상
우주 품고 사는 가슴 열어
시냇물처럼 흐르는
어쩜 행복일까, 비교할 수 없는

때론 손가락질
브이로 눈웃음

내가 좋은데
거리의 시인인 거지

시집

이런 시도
시라고 집 짓나

스마트 디지털 세상
아날로그 생활 이야기

무적
무시한들 시집살이
한 해 두 해

달뜨는 시인 마을
해 걸리다

촌철살인

촌놈
철들어
살다 보니
人間 되나 보다

시인 사랑하라
집이 천국이나니

하시라도 천지 창조
하느님과 동격

시작

시
영감으로 탄생하는가
만들어지는가

고민과 동시
한 문단 끝나고
두 문단

콩 볶아 먹듯
감정 없이 가는
만드는 시

너도 시인
안 하고 있을 뿐

설화

하얀 눈밭
글 돌 징검다리 놓아
시 짓는 시인

눈이 내려요
하얀 세상
경쾌한 자판 소리
들꿩 지나간 발자국 따라

소복소복
모락모락

글 씨
백설에 핀 꽃
시가 맛나요

시란

상상이 피어나는

언어 예술의 꽃

설화

찡한 시향 여운

오래도록

하다 보니

시작 두 해
처음은 도전이나 나중은
즐거움

누구나 쓴다더니
짜릿한 승부
시로 떠나는 여행
행복한 도전

감정 느낌 메모 시집가다니
반백 넘어

파랑새 날다
제주행 기차를 타다

단 시

앙상한 가지에
달달한 홍시처럼

뒤안에
단 시 열렸다

그림자의 여유 단시 맛나고

2부

-

단시

점 하나 찍고

시작이 끝

#단시

목련

비 오는 날
물방울 보석

목에 달고
연애

꽃심

꽃도
낮 가린다

겉만 보는 사람
내면 보는 사람

보여줄 사람만
가슴 열어

같은 꽃
다른 느낌

늙은 왕자

안드로메다 그리며
바람 타는 민들레 꽃씨

소행성 B-612 꿈꾸는 나
꽃씨 따라갈까

내 장미는
가시마저 꽃으로 피어

돈키호테

바람이 분다
맞서는 개비
휘리릭 쌩쌩

바람 일면 서고
자면 잠들고

바람 부는 날
개비는 돈키호테

바람

소망이다
간절하게 기원하는

손님이다
가슴으로 오는

삭풍이다
뼛속으로 파고드는

바람이 왔다
소리 없이

총각무

무
소유 없음
무소유

무
소유 있음
무소유

火不佛

촛불 횃불 모닥불
불이야

불편 불행 불량품
아니야

나무 아미타불
도로 아미타불

불타
헛수고야

알몸

떨어질 줄 몰라
붙어서

얼어 죽을까
굶어 죽을까

먹긴하구나
사랑 밥

민달팽이
두 마리

알고 싶니

산에 왜 가요
내려올 거면서
힘들게

왜 사니
죽을 거면서

꼭두새벽
지리산 천왕봉 올라

해 봐

일곱 시

술 한 잔
시원하다

술술
넘어간다
기분 좋은가 보다
다들

술시
술 넘기다

현대병

욕심 부려
너무 먹어 생긴 병
현대병
자연으로 돌아가야지

신선한 공기
맑은 물
소일거리
산천이 차린 밥상

아플 일 없지
자연이 치유 병원

안녕

해 뜨면 하루 시작
잠들면 하루 마감

하루 쌓여 인생人生
멈추면 세상과 인사

인생 이별
사死

가진 것은 없어도 민달팽이 사랑

3부

\-

사랑에 빠지면

사랑에 빠지면 1

난
바보

넌
여시

그래서 좋다

사랑에 빠지면 2

몸은 현실 기대도
마음은 애써
널뛰기 뜀뛰기

콩닥콩닥
비몽사몽
뒤죽박죽

눈깔사탕
나눠 먹은 죄
눈멀다

사랑에 빠지면 3

망원경 고배율 좋아해
확대하면 흐려지는데

사랑에 빠지면
보고 싶은 거만 무한 확대
뿌예지며 몽환적 사랑

적정 배율 고집한 너
솔로일까

사랑이란

문득 떠오르는
생각만 해도 저리고 울렁이는
달려가고야 마는
돌아서 또 보고 싶은

머릿속
가슴속
온통
열탕 낙원

넋이 홀린
감정 놀이일까

사랑하면

얼굴에 티 나나
연애하는 사람 있다고

낙천적이라
아니라도
행복해 보인다고

사랑까지 하면 어쩌라고
사랑의 기술 배워야 하나
어디서, 어떻게

참사랑

인연은 어디서
콩 심을까

아련히 추억하는 사랑아
한때는 참사랑이라더니

보고 싶다
가끔은

무 베기

사랑 다툼은
칼로 물 베기 아냐
신뢰 깨지면

시간의 문제일 뿐
칼로 무 베기
두 쪽 파국

사랑은 시작도 어렵지만
지키는 것은 더 어렵다

오이풀꽃

한때
하늘 사랑 받은
행복한 사람

시들어
영원할 줄 알았는데
세월도 흘러

그 사랑
그 만남
시가 되어

너는 지리산의 야생화
내가 발견한 꽃이었지

사랑 또는 일장춘몽

그대는 누굴까
혜성처럼 불화살로 꽂혀
심장 꿈틀대는 심연의 혼돈

밤마다 잠 못 이루는
하얀 밤 지새우는
바보스러운 나는

사랑일까
아~ 사랑

비몽사몽
그대 꿈꾸는
일장춘몽

연

만남도 헤어짐도
어찌할 수 없는
인연

부여잡은들 삭을 연
뿌리친들 동아줄 연
연 따라 사랑 피고 지는

눈물 못 빠진 너
슬퍼 마라
연 있으면 꽃 다시 피려니

끊어질 듯
백 년 가는 연
질긴 사랑도 있어라

별이 된 사랑

행복은 스치는 걸까
가을 국화 스며드는 빛 내림에서
너의 숨결 느껴본다

지금, 이 순간 빛나는 건
가슴에 별이 된 너
추억의 그림자 잔상
행복이라는

귓불 간지럽게
흘려놓은 사랑 시 들려줄
그날은 올까

은하수 너머 견우보다
애절한 사랑인 것을

멀리 있는 너

맑은 미소로 다가온 햇살
부드러운 바람 속으로
그리운 너의 목소리

멀리 있어도 곁에 있는
보고 싶은
만질 수 없는

사랑해
사랑해

허공 울림만
전율

훔친 사랑

사랑 불 질러놓고
아니라고
119 불러도 안 돼

훔치는 건 자유지만
돌아오지 않아
넌 이미 내 안에 있어

심장에
사랑 심었다

그냥

머 해
응, 그냥

그냥이 뭔데
그냥 있어

네 생각하는데
넌, 맨날 그냥이야

그냥이랑 살아
그냥인지 고냥인지

응,
그냥 볼까

사랑이

사랑이
내가 좋은가 보다

아니라고 내숭스레
가끔

너는?

자기야

작약 꽃 흐드러진 서도역
간이역 정취 남아
사진하는 사람들 인기다

자기야 오늘은 예쁘다
살짝 당황
대구 망설이는데

작약
지난번보다 예쁘지 않아?

동행

4부
-
행복으로 가는 길

인생철학

갈까 말까
할까 말까
망설임
도전인가 욕심인가
욕심이면 하지 마라
욕심은 밑 빠진 독이라
젊음으로도 채울 수 없어
비우고 도전하면 세상을 갖는 거야
취업 결혼 자식 내 집 마련
당연한 것도 도전인 세상
무거운 짐 대신 지는
대한민국 젊은이여
파이팅
갈까 가라
할까 하라
도전하라
보람 결실 있으리니

허니문

예식장 가는 길
주차 전쟁
자전거 타고 가

천변 수놓은 나만의 꽃길
룰루 룰루
새신랑 된 기분

신랑 강원조
신부 심지희

때로는 아무도 가지 않는 길
평범한 일상에도 허니문

행복하세요

꽃길

이슬비 오는 날
꽃잎 적시더니 새하얀 눈꽃
한잎 두잎 날리고

머리칼 살포시
자동차 지붕에도
길모퉁이 노랑 양지꽃에도

벚꽃 길
의자 내려앉은 꽃잎
쪼그려 서서 앉은 나

꽃길 연 네게
자리 내주마

매미

맴 맴 맴
초여름 알리는 싱그러운 소리

땅속 시절
서러워 목청 터져라
씨왱 씨왱 씨왱

이 나무 저 나무
낮밤 도록 맴돌다 지쳐
매애앰 매애앰 매애앰

지상 살이 아쉬워
목 놓아 우는데
한여름 소음 어떡하니

쉬르르 쉬르르
벌써 떠나는구나

장맛비 오는 날

천지가 뒤집혔나 보다
하늘 바다 퍼붓는 비
땅도 바다

헤엄치듯 스치는 사람들
인어 두 마리 나란히
잠수우산 하나

커피 향 너머로 세상
녹여 보는
유리벽 타는 빗물

어항일까
수족관 세상
장맛비 오는 날

비가 웃는 날

창문 너머 시위
주룩주룩
질리게 오구만
하늘이 지랄이여

넘쳐도 탈
시들어가는 산천초목
생명수 단비건만

태풍마저 염원
비웃듯
하염없이

노상 방뇨

오줌 마렵다고
담벼락에 쉬 하면 되나
강아지면 몰라도
풍기문란 경범죄
벌금 5만 원
비싸다고요
사람만 내는 거잖아요
아니라고요
개만도 개도 개님도
인격 획득 시도 중
동급 5만 원
사람도 개도
노상 방뇨 금지

인과응보

환절기인가 보다
줄초상 초상계 묻자
부모님 병세 있어
가족들 긴급호출하면
고생해서 내려온 건 안다마는
괜찮은데 고만한 일로 연락했냐고
핀잔 섞인 말투보다
걱정하고 내려왔는데 건강한 모습 좋구나
한마디면 될 것을
이런저런 사연 전하지 못하고
망설이다 결국 받는 부고
돌아가셨어
임종 못 한 죄 평생
한으로 남아

땡볕 더위

왜 땡볕일까
땀 볕도 아니고
땡잡을 볕도 아닌데
덥다면 더 덥지
이열치열
한여름 산속 시원한데
자연풍 좋은데 사람들 모르지
미친 듯 정상 올라
더위에 찌든 게으름일랑
땀 볕 폭포수 녹여 내고
식은땀 시원 하산 길
알탕은 아니어도 발 담그는
계곡 피서의 묘미
땡잡은 거지

흥부 박

수박밭에
호박씨 떨어진들 수박일 리 없고
줄긋는다 수박 될 리 만무
애물단지

수박밭에 수박이
호박밭에 호박이
인간 세상엔 사람이
있어야 할 곳에 있어야지

한여름 밤
수박 정 나누는 툇마루
수박 서리 옛이야기 대박

수박 호박 대박
흥부 박 삼 형제

나를 대접하는 날

별것도 아닌데 몰라주면
서운하고 신경질

잘 못 살아서
왜 태어나서

죄 없는 부모까지 끌어내는
별것 맞다

멋진 사람은
챙겨주는 생일보다 스스로
대접하는

자신을 최고로 대접하는
그날이 생일이다

좌우명

갈 사람 안 잡고
올 사람 안 막는다
때로는
안 간다는 사람 밀어내고
온다는 사람 막을 때 있지

혼자이고 싶을 때
돌이 되어 가슴을 닫고
철이 든 걸까
허튼 인연
내려놓다

가장 좋은 만남
나를 만나다

보리

진도가 고향인 보리
주말이면 나만 고대하지
시골집에서 어머니랑 동거한다

한솔이도 보리를 좋아하지
할머니랑 살고 싶은데 보리가 못 와
개장수 주면 되지

말끝과 동시
눈물이 뚝뚝

오프 모임

갈까
어색하고
서먹할 텐데
아는 사람
반겨줄 사람도 없는데
안 간다고 달라질 거 있나
변화란 내가 도전한 만큼만 선물로
서먹한 시간 지나면, 때론
형제자매보다 편한 친구
순간에 얻지
수다 안주 삼아 놀다 보면
스트레스 푸는 거지
그러면 되는 거지
일상에서 나른한 날들
변곡점
필요할지도

홍시 달

시커먼 구름 사이로
보름달 떠오르는 밤
음악이 흐르는 시골 농장
묵을수록 장맛인가
친구가 좋다

밤이 깊을수록 춤추는
높이 들어라
감나무 걸린 달
하늘 잔
홍시 달

달을 마시다
달이 숨는다

건배

취하자고 마신 술
나만 취했다 하네
술맛 좋고만

한잔 두잔 입 댄 친구
대리 부를까 말까
난 행복한 거야

기분 좋게 마시고
기분 좋게 취하고

우정을 위하여
사랑을 위하여

써니의 꿈

노을 지는 강
사랑은 흐르고

비단 강 품은
만수르 써니의 꿈

세종대왕 기운 담아
만원 돛 달고
황금태양 떠오르리니

금빛 강물
본 하우스인 세종
휘감는구나

실루엣 사진

해 질 녘 일몰 그리며 정상
헛수고네
불타는 노을 어디로, 해는
다이빙 슬로모션
시커먼 하마 품으로

산 아래 불꼬리 기차
경적 스멀스멀 황혼 사이로
바위 삼켜 어둠 토하는 하마
천하 통일
금성만 홀로 떠

숨겨둔 불씨
어둠 흩어지는 시간 풀리고
남은 거라곤
실루엣 사진 하나
위로

희망 사항

생명은 언젠가는 죽지만
그때가 언제인지
누구나 맞이할 순간

생명 연장 줄 어지러이
얼기설기 조각난 생명 붙들다
사그라지는 영혼

내 없는 영혼
내 없는 육신
부여잡은들
고독사보다 나을까

아랫목에서
가족 친구 작별
전통 방식의 자연사

고통 없이 담담하게
잘 살았다고
안녕

안락사
희망 사항

마량포구에서

쭈꾸미 체포령 내린 서천 바다
접시 형틀 올려진 너
미소 짓는 집행관

단칼 한 입
수족 절단 샤브탕
쌍검 들고 고민하는 사이
쭈욱 꾸물꾸물 미끄러져
접시 밖으로

쌍검 휘감고 반항하는구나
초장에 발라 잘근잘근
어금니 맷돌 고문
탈출 어림없지

포도청 식도 지나

위산 녹여 부드러운 살
소장 대장 안마 받고
출구는 항문이라

꼬물꼬물 아작아작
날름날름 쩝쩝
쭈꾸미 가는구나
나도 따라 맛나 죽네

네 죄 알렷다
한 철에만 나와
먼 길 달려 지갑 턴 죄

신은 어디에

인간 최고 창조물 신
애니미즘에서 인간 닮은 신의 창조
미지의 두려움 극복, 신 앞에 겸손 평화 평등
의식 관장 제사장 권력 집중
스스로 왕이 되어 신격화 우상화
제사장의 노예로 전락한 인간
의심하지 말고 무조건, 불신 지옥
애초 의심하면 성립 불가이기에
겸손 평화 평등 어디로, 공포만 조성
창조물이 쓰레기통으로

야훼 신 여호와 모르는 조상님 지옥 있다면
나도 일원이 된들 서운할까
우상신 믿는 자 가는 그곳이 지옥이지
예수도 교회 가지 않아
야훼 신 여호와 거기 없다는 걸 알아
광야로 나가 기도하고 가난뱅이 창녀 병자

사회적 약자 헌신하다 미운털 박혀
대제사장 오늘날 대형교회 목사와 교인들
권력자 빌라도 죄 없다 하여도 기어이
십자가 세우지
예수 다시 온다면 어디로 갈까
길거리로 오실 거야
불신자 나를 사랑하려고
교회 사람들 심판하는 거지
가짜 예수 팔아 장사하는 세상
입으로만 예수 천당 먼저 버리니
2천 년 전 예수 죽인 거랑 무슨 차이
십자가 죽여 놓고 십자가 신봉
에먼 소리만 요란

우상이 되어버린
바벨탑교회 목사 십자가 버리고
예수 삶을 좇는 신앙 진정한 믿음이지
도마복음에서 진짜 예수 발견하다

예수님의 사랑 믿습니다
에이먼

자신 있어

신은 어디에
예배당 가면 만날 수 있나

그곳은 예나 지금이나 박제된 우상만
신 떼어 놓고 세상살이
날 잡아 헌금하고 회개하면 용서
어쩌면 합리적 자본주의화 했다지만

신은 내 안에 나와 함께
덕 쌓고 선하면 좋은 신으로 때로 악마로
내가 있는 곳 어디든
신도 함께하기에
그곳이 예배당이자 천국

몸과 마음으로 기도
좋은 신으로 함께해 주셔서 감사하다고

가난하고 힘든 이웃 사랑하겠다고
제사에서 조상님
절에 가면 부처님
길거리에서 예수님
책 속에서 성자 성현님

가르침 따르고 기도하면 행복
내 안에서 나와 함께하는
나를 나답게 만들어 주는
자아 신

나만 달라고
구걸하지 않는
나를 이웃을 사랑하는
자아 신

자신 믿는 자 복 있나니
천국이 저의 것이라
행복이 저의 것이라
살아생전

산사

중은 왜 산에 살까
수렵 채취 시대도 아닌데
뭐 먹고 사나
이슬만 묵나
첩첩산중 무얼 한들
깊은 밤 옹달샘
보시하러
중 떠난 산사
속세 보살 부처로다

부처님의 자비가 산사에
아미타불

우리 하느님

살아있는 동안 열심히 살자
설령 지옥 있더라도
열심히 살면 된 거지

안 믿었다고 지옥 가라면
악마인 거지
무섭다고 악마 섬길 일 있나

정화수 한 종지 빌어도
어루만져 주시는 우리 하느님
창씨개신 이름도 뺏겨버린
껍데기는 가라

하느님이 보우하사
우리나라 만세
너와 나 우리가 있지

곱게 물든 나이테 하나 마음에도 단풍

5부

-

가을이야기

가을

가을이 왔나 보다
벼가 누렇게 익어간다

40° 땡볕 여름
농부 갈라진 이마
논두렁 밭두렁 펼쳐질까

풍년이어도
시름은 깊어가고

참새와 허수아비

들판의 허수아비
농부 옷 걸치고 훠이훠이
참새야 내 논에 앉지 마라

뉘엿뉘엿 주인님 떠나고
참새도 떠나면 홀로 외로워
바람 타고 그리워

먼동 참새 불러 보네
어서 일어나 오이오이
내 팔 내 모자는 쉼터

짹짹 참새
덩실 허수아비

주인님 오시는구나
훠이 저 건너 논배미로

하늘하늘

도심 벗어나니
푸른 들판 누런 옷 갈아입고
하늘 간 푸름이 더 푸르게
코스모스 하늘하늘

매미 사라진 시골길
외마디 장끼 미사일 발사
너도 놀라 나도 놀라
꿩 털 하나 하늘하늘

추석 고향 가는 길
밤송이 사이로 알밤 줍던
향수 어린 들녘
내 마음도 하늘하늘

가을이야
세상이 온통 하늘하늘

벌초

왜 하나
하지 말아야지
다만 어머니 생전까지만
어쩔 수 없지

자연으로 숲으로
지구에 환원할 거야

체면 때문에
풀벌레 곤충 보금자리
무자비한 칼날에 스러지고
연중행사 마쳤다는 자위

현고학생부군신위
현고학살미물신위

그리움

어둠 사이로 비
밤이 젖는다

춥다
가을이

시린 가슴 녹여 줄
누군가 그립다

가을 여인

구구절절
무슨 사연
마디마디 서러운

뿌리까지 말라붙는 고통
이겨내고 아련한 꽃
피우나

하얀 순수
사랑으로 다가오는 돌아선
가을 여인

구절초
꽃잎에 맺힌 이슬방울
회한의 눈물인가

최후의 만찬

단풍 들다
누굴 위함이 아닐 텐데
때 되면 울긋불긋

여린 잎 내어
생명 에너지 열매 놓고
돌아갈 터
최후의 만찬일까

푸른 생기 목마름으로
타들어 가는데
시들어 가는데

오색 핏빛 아름다움이라니
그저 잎 떨구고
월동 준비 중인데
가을 나무는

마음 단풍

시원하다
꿈속으로 찾아온 비
언제부터 내린 걸까

비를 맞으며
마음의 찌꺼기 씻고 싶다

욕심 내려놔야지
순응하며 살아야지

가을이면
곱게 물든 나이테 하나
마음 단풍 들여야지

호랑나비

호랑나비 한 마리
송이송이 눈치
맴돌다 떠나더니

아쉬운 듯
팔랑팔랑 나를 휘돌아
입술꽃부리 내려

관음증 보란 듯
깊숙이
키스신 노출

잠자리

잠자리 한 마리
풀 꼬챙이
무심코 앉아

하늘 코스모스
살랑살랑 억새
황금 들판 물리치고

마이산 배경 주인공 캐스팅
스타 된 듯
떠날 줄 몰라

날고 기어오른 잠자리
편히 잠자리
잠자리야

나뭇잎 별

가을 물 들어가는
나뭇잎 별
은하 흐르는 가로수

노란 별 하나
머리 떨어지고
가을 타다

별똥 떨어진 거리
싸늘한 바람
우수수

땅으로 흐르는 은하수
노 젓는 견우
직녀는 어디로

두 바퀴면 어때서 시작이 중요하지

6부

-

여행을 떠나요

제주행 기차를 타다

제주도 간다
잠자리 타고 간다는데
은하철도 B-612 좋아
갈아타는 번거로움 목포역 두고
잠수하는 제주행 기차
종착역 어린 왕자 별

기적 울리며 수영하는 기차
긴 수염 철갑상어 에스코트
오징어 문어 팔다리 흔들며
거북이도 입맞춤
정어리 멸치 갈치 떼
모였다 흩어지는 환상적 군무
고향 바다 돌아간 제돌이
화려한 돌고래 쇼
산호초 용궁 터널 지나고

스르르 긴 숨 제주역일까
눈 뜨니 유달산
아~

KTX도 그날 꿈꾸며 달렸을까
텅 빈 객차 나 홀로

빨간 버스

빨간 버스에서 자다
화가 시인 작곡가 승렬 왕자
아니 지구별에선 농사꾼이지
빨간 버스는 소행성에서 온 거야
친구는 고래 잡으러 떠나고
버스만 제주 바닷바람 맞는구나
비 내리는 월정리 해변
빨간 용암 흐르던 자리
빨간 버스가 따스함 전하고 있다
지나는 사람 오시오
목적지가 있는 사람 타시오
캠핑카 화랑
시가 있는 전시관
관람료 오백 원
소행성 가는 나는 무료

정동진

겨울 바다로 가자
고대하였건만
올겨울 최강 한파
포기하자니 염치가 국산
정 때문에

어슴푸레 정동진
중무장 전투복 심상찮다
먼 길 달려온 사람들
성난 파도 먹구름만 억세게
태양 삼키고 달갑게 환영

뿌연 입 안개
인증 샷 카메라 들여대도
엉거주춤
고개만 살래살래
셔터도 헛방질만

새만금 개발 지구를 가다 1

눈 내리는 날
새만금 황야를 가다
한반도 서부 미개척 지대
덤프트럭 흙먼지만 날리는데
오늘은 하얗다
고라니 뛰노는 벌판
산에서 저리 내달릴 수 있을까
이곳은 천국이야
하긴 너희 땅이 아니지
머지않아 떠나야 할 운명
비호처럼 내달리다 멈춰 서서
슬며시 고개 돌리고
시커먼 물건 얼굴 대고 노려보는
미심쩍은 이방인
경계하는구나

새만금 개발 지구를 가다 2

심포항 봉화산 돌아 거전리
갈대숲 사이로 황야
자동차 기세 등등 진입
어라 길이 없잖아
선두 차 아랑곳없이 질주
앗, 중간 차량 헛바퀴
허우적댈수록 수렁 속으로
선두 차 구원 성공
여긴 사륜구동 시험장인가 보다
이 땅의 운명은 어디로 갈까
곳곳에 펼쳐진 늪처럼
농지에서 산업단지로 태양광 지구로
우여곡절은 진행형
역사의 뒤안길로 사라진 개펄
원망만 할 수도 없는

새만금 개발 지구를 가다 3

방조제 갈대숲 사이로 길 잃은 배
갈대숲 사이로 두 척 처량하다
바다 종횡무진 했을 터
땅 위에 서서 그 옛날 그리워하나
하긴 사륜구동 네비양
바다 달리는 배로 알더라
여전히 바다인 거야
숱한 반대 무색하게 당당한 너
바다 위로 세워질 새 세상
천국일까 지옥일까
아직은 주인 없는 땅
한반도 마지막 미개척지대
드넓은 갈대숲 황야
저기 날뛰는 고라니들의 천국

개척에서 보존으로
역사의 이정표가 된 새만금

한탄강에서

한반도 등허리 태백에서 발원
한없이 큰 강
솟구친 불덩이 용암 흘러
시커멓게 탄 강

큰 강 탄 강
임진나루 만나다

하나 되어 한강
한 풀어 한탄강
임 만나 임진강

풍요로운 산과 들 적시고
먼 바다 고향 가는 길
유유히 서해로 태평양으로

포천 막걸리

한탄강 하늘 다리 건너
주상절리 따라 걷는 길
장마로 후퇴

포천 막걸리 어때
좋지
일동이야 이동이야
아무렴

얼린 캔맥주 있는데
머시어
목 넘어가는 쿨렁쿨렁
캬~ 절로

누가 당하랴
포천막걸리
포맷

귀신사

바람 쐬고 싶을 때
가볍게 떠나 수 있는 곳
하나쯤 있다면

김제 귀신사
꽃무릇 배롱나무 철 지나 시들어
법당 뒤 언덕배기 남근석
석탑에서 내려 보는 청도리 풍경
포근한 안식처처럼
편안함이 있어 좋다

날 저물면
금평 저수지 노을도 일품
늦을세라 달려가니
뒤끝 내놓아

선도리 개펄에서

바닷물이 나가다
슬금슬금
나도 따라 한발 한발

미끌
때로는 쑤욱 찰떡
가지 말고 예서 놀자

물 있는 펄
따라오라 끌어주고
물 빠진 펄 족쇄

자연의 법칙
펄에서 배우다

더위 내기

40°란다
아무리 더워 봐라
내가 멈추나
아스팔트 지열 올라
얼굴도 화끈 달고
목표가 있으니 버티지
멈추면 숨 턱
달릴수록 뜨거운 바람
이마에 터진 샘
눈자위 타고 시야 점령
등짝 달라붙어 몸매 노출
국토종주 에서 멈출 수 없지
칠팔월 땡볕과 내기하는
자전거 라이딩

세발자전거

중학 시절 통학 거리 4km
자전거 탄 후
한동안 탈 일 없지

한강 낙동강 금강 영산강
남한강 북한강 섬진강 오천
제주도 한 바퀴 환상종주
인천 부산 국토종주
통일전망대 동해안 따라 부산까지
자전거 그랜드슬램 2468km 달성
우와 입 다물어야
새 발의 피
우물 안 개구리

파리에서 유라시아 횡단 한반도까지
3개월째 진행 부부 조령에서 만나

2년 목표 자전거 세계 일주
부럽다
도전하고 싶다

통일 한반도
압록강 두만강 건너
대륙으로 넘나드는 꿈
캐리어 달린 세발자전거 타고
아시아로 유럽으로

꿈도 끊겨버린 분단된 한반도
통일이여 오라

내리막길

통일전망대에서 부산까지
동해안 따라 720km
자전거 국토종주 완주

좋은가, 남쪽 내리막길 달리니
동고서저 교과서에 있어도
한반도 북고남저라고요
신조어 탄생

아 하 육이오 때 김일성
내리막이라 한달음에 부산까지
맥아더 오르막 피해 인천 상륙

사람도 물자도 돈도 권력도
높은 곳이 좋은가 보다
서울은 돈 벌러 가는 오르막길
지방은 놀러나 가는 내리막길

외길

하얗다
갈매기 떼로 앉은
가로등 아래

외길
똥구 구경
할 판

한 발
힐끗 기도 시늉
참을 거지
마지막 가로등

아 벌리고
싸, 순간
뿌직 퍽

꿈이 있는 학생 희망이지

7부

-

학교에서

만경강 노을

보충 수업 마치고
산책
서쪽 하늘 불타올라

노을아
하필 오늘이야
야자도 남았는데

가는 날
허탕만 치고

누굴까

수업 종료
한 아이가 불쑥 내밀어

낯선 남자
어디서 본 듯
턱 괴고 지그시 응시

로댕은 아니어도
골똘히
폼은

모델료 청구
딴짓거리 망정 작품료
뭐가 우선일까

에이
프로필 사진으로 써야겠다

공부는 왜 하죠

공부하면 열매가 있어
잘 먹고 잘살지

공부 안 하면요
열매가 없거나 부실해
다른 사람에게 빌려야 하고

그래도 공부가 싫으면
어떡해요

지식만 공부가 아니거든
사람에게 배우고
자연에 배우고
주변 사물에도 배우지

가장 큰 공부는

자신에게 배우고
자신을 가르치고
반듯하게 자라는 거지

그럼
마음속에 행복이 자라지

행복 나무 키워보세요
공부하세요

시험 보는 날

시험지 받은 머리 하얗고
가슴 까맣다

하나만 고르라는데 모두가 정답
응시한들 한 줄로 쭉
째려보는 감독 샘
확률이란 거 알거든요

뛰 뛰 뛰
반가운 종료령
고통 좌절 절망에서 해방
허탈한 마음 워로 어디로 갈까

게임장 선착순
레벨 올리기
이런 건 시험 안 보나
PC방이 만원이다

학교는 잠자는 곳

아침에는 부족해서 자고
점심 먹고는 졸려서 자고
야자는 밤이니까 잔다

오늘은
체육 수업 없는 날
온종일 자

책상이 침대였으면 좋겠어
푹신한 침대 책상

피시방에서

학교가 잠자는 곳이면
공부는 어디서 하나

키득키득
피씨방이래요

피식 웃기는
씨 불알 영근 녀석들
방구가 뽕이다

하긴
가르쳐주지 않아도
하지 말라 해도
날밤 새워 스스로 하는

공부도 그랬으면

수능대박 기원

수험생 여러분
능력 초능력을 발휘하세요
대학 어차피 갈 거라면
박수 받고 가시기를

기도합니다
원하는 대학 합격을

수험생에게

수능 하루 전인데
절박하지 않은가 지금, 이 순간
최선을 다했으면 그럼 된 거야
후회란
안 했을 때 하는 거지
고등학교 3년
후회 없이 보냈다면
넌 뭐든 할 수 있어
대학에서 사회에서 결혼해서도
국민의 한 사람으로
세계 시민의 일원으로
지구 생명체 모두에게 유익한 존재가 될 거야
고생 많았지만 지나 보면
멋진 추억으로 자리할 거야
마지막 순간까지 최선을 다하자
파이팅

광복절

이제
해방이다
고통스러운 빙하기 끝내고
얼음 속에서 간직한 씨앗
싹 틔우리니
이날을 기다렸노라

2018.11.15.

합격이란 꽃 피우리라
인생의 전환점
광복절이다

대학, 어디 가

A는 과학 전문대
학교 소개만 보면 카이스트보다 한 수 위
공부는 안 해도 제일 먼저 합격 소식 전한다

B는 지방대
실력보다 출신 지역이 중요한 한국 사회
지방이면 싸구려 취급, 자존심 상해

C는 서울대
취업은 서울로, 서울로
서울에만 있으면 서울대다

D는 군대 간다
대학이 싫어서, 혹은 거부해서
성차별, 권위주의 심한 군대

E는 기숙학원
수시도 정시도 불났다

공부 안 해서
운이 없어서
욕심 많아서

정보 전략 부족일까
너는, 어디 가?

지금 행복한 아이

학교는 배움의 공간
배움이 지식만을 의미할까
쏟아지는 지식 과잉 스마트시대
무엇을 가르치고 배워야 하나

거칠고 반항적인
수동적이고 순응하는
공부밖에 모르는
공부도 놀 줄도 모르는
잠만 자는 무기력한
PC 게임에 몰두하는 아이들의 미래

공부만 해라
공부로 해결될 아이는 소수
대다수 들러리로 내세우는 교육
학교가 그러면 존재의 이유 사라지지

돌봄이 필요한 아이에게 휴식처
에너지가 넘치는 아이에게 놀이터
끼가 있는 아이에게 공연무대 여는
그런 공간이 학교이어야지

성적이 아니라 행복 누리는
아이들이 만들어가는 행복 학교
지금 행복한 아이가 행복 아는 어른으로
삶 배워가는 거지

학부모 변해야 학교 변할 수 있어
학교는 학부모 수준 반영하기에
학생 학부모 교사가 함께 만들어가는
행복한 학교 가고 싶은 학교

꿈이 아닌 현실로 만드는 것
너도 나도 학부모도
우리가
지금부터

통일아 탄생 기원하며

남 돌이 북 순이 선 본 날
부모 혼담 두 차례
혼사 이리도 힘드나 보다

만남은 시작
데이트 하다 보면 정 들고
이해하며 사랑하다 결혼하겠지

문재인 노총각 신랑
김정은 뚱뚱 신부
8천만 겨레에 맹세하겠지
잘 살겠노라고

통일아 탄생 기다려진다
이념 진영 구별 말고
하나만 낳아

세계 평화 지도자로 키워보자
백두에서 한라까지
하나 되는 한반도 KOREA
통일아 만세다

통일

남과 북 하나 되면
누가 좋아할까

일본
배 아프지
이대로가 좋아
통일 한국 싫어

중국
핵무장은 안 되지만
국경 맞댄 친미국가 부담스럽지
완충지대 북한 필요해

미국
동북아 시대 패권 연장
한반도가 열쇠지

통일 한국 미 중 균형자 싫어

러시아
극동 개발 사활
미국 편도 중국 편도 아닌
통일 한국 중립국이면 좋아

남과 북
주변국 모두 자국 이익
진심 원하는 나라 없어
한반도 통일 이익 후손에 물려주자

동행

마음 맞는 사람과 인생
놓고 여행한다면
행복이다

함께 한다는 건
마음 행동 비용 시간도
동행

마음 같으나 행동이 느리면
행동 빠르나 비용이 문제면
비용 따르나 마음이 다르면
모두 있으나 시간이 없으면

남과 북
더 없는 동행 기회
통일로 가자

별을 노래하며 우주 품은 지구 사랑

8부

\-

지구야 놀자

빅뱅

특이점 하나
무한 밀도 부피 제로 질량 붕괴
빅뱅 우주 열리는 순간
시공간 물질 탄생 3분
미립자 원자 분자 만들고 암흑에 빛
별 은하 우주가 되다

우주 시간 흐르고
죽은 별 잔해 태양별 지구 되어
생명 탄생 그리고 인간
우주 시간 138억 년 돌려놓다

빅뱅 이전 뭐가 있나
시공간 없으니 이전도 없지
아무것 없는 부피 제로 에너지 바다
더 알 수 없는 블랙홀 특이점 하나
찰나의 인간 우주를 말하다

시간

때와 때의 사이
시간時間은 어디서 와
어디로 가나

자전하면서 태양 도는 지구
춘분점과 사이 각 시간이다
90° 하지 180° 추분 270° 동지
지구 공전 궤도 현재 위치
태양 반대 쪽 별보면 알 수 있지
별자리 변화 주기 1년 365일 24절기
달의 모양 변화 음력 한 달 29.5일
해 다시 뜨는 하루 24시간
시간 조각내 분 초

시간은 거스를 수 없는
태양과 지구의 암묵적 약속
영원히 미래로 흐른다.

우주의 크기

지구 태양 거리 1AU 150,000,000km
빛 1초 간 거리 빛 속도 300,000km/s
빛 1년 간 거리 1광년 9,460,800,000,000km
가장 가까운 별 센타우르스 프록시마 4.2광년
우리은하 중심에서 태양 30,000광년
우리은하와 가장 가까운 안드로메다은하
250만 광년 23,652,000,000,000,000,000km

우주의 크기는?
별 간 거리 4.2광년인 천억 별 모여 은하
은하 간 거리 250만 광년인 은하가 천억 개
촘촘히 밤하늘에 보이는 별들
하지만 빈 공간 우주는 진공
은하수 너머 하나의 별로 보이는 은하들
안드로메다은하도 태양 같은 별이 수천억 개
너무 멀리 떨어져 하나로 보일 뿐
오늘 밤 안드로메다 본다면

250만 년 전 출발한 별을 만난다는 것
우주 달려온 별빛, 별은 죽어 없을 수도
지구가 우주 중심이라 했는데
태양 도는 위성 중 하나일 뿐
태양이 우주 중심일까
우리은하 천억 별 중 변방 하나일 뿐
우주 창조 빅뱅 이후 138억 년
먼 은하 빛의 속도로 후퇴하기에
영원히 만날 수 없는, 우주는
알 수 없는 96% 암흑에너지와 4% 은하 별

개미한테 지구는 무한 광대
인간에게 우주도 무한 광대
우주에서 지구는 먼지 티끌
우주에서 인간은 바이러스 세포 덩어리

인간이 신을 필요로 한 이유일까
특별한 존재로 남고 싶은 욕망
개미한테 신과 우주는 존재 의미 없는 부존재
인간에게 우주는 존재하지만 부존재로 여겨도
아무런 불편 없지, 신도

SUN STAR

우주는 무한 광대
수천억 은하가 있지
은하는 수천억 별들의 집단
우리은하 중심 구상성단 블랙홀
뻗어 나온 나선 팔 3만 광년 거리
무수한 별 중 하나
지구가 속한 태양 별

태양 지름 1,392,000km
여덟 행성과 위성 혜성 소행성 가스 먼지
나이 46억 년
표면 온도 5,800K
중심 온도 15,000,000K 수소 핵융합
엄청난 에너지 방출, 지구 도착 8분
살아있는 모든 것의 생명줄
생명의 어머니
남은 수명 50억 년

행성

수금지화
목토천해
명왕성

막내는 빠져
새 이름표야
소행성 134340

지구 탄생과 인간

46억 년 전 우리 은하 변방
회전하는 성운 중력수축 온도 상승
중심 원시태양 밀려난 미행성 무리
수소핵융합 천만도 도달 빛을 내니 태양별 탄생
미행성 중력 병합 덩치 키우는 여덟 행성
세 번째 궤도 충돌 열 녹아 불덩어리
무거운 철 가라앉아 핵, 맨틀 지각
지구 행성 탄생
태양과 적당한 거리
액체 상태 물이 존재하는
생명가능지대 지구가 놓인 거야

지표 식어 비 내리고 바다
자외선 흡수하는 바다에서 생명체 탄생
산소 등장 오존층 자외선 차단하니
육지에도 생명체 낙원 양서류 등장
고생대 시작이라

종의 진화 거치면서 중생대 말 소행성 충돌
공룡 멸종 포유류 번성
신생대 끝자락 현세 인류 등장하니
축복일까 불행의 시작일까

가장 늦게 등장한 지적 생명체
가장 많은 생물 종 멸종시키고
가장 짧게 생존한 인간종으로
지구역사 기록하겠지

멸종 아쉬워하는 공룡도 2억 년
멸시하는 바퀴벌레 수억 년 살았는데
신석기 1만 년 구석기 10만 년
호모 사피엔스 지구등장 20만 년
오랑우탄 연장해도 수백 만 년
인간 주인 행세하지만
생명체 탄생부터 현재까지 30억년
미래 지구생명체 대멸종해도 살아남을
구석구석 없는 곳 없는
바이러스 박테리아도 있지
지구생명체 안녕 위해 겸손해야지

창백한 푸른 점

점 하나가 있다
다가서야 보이는 우주 티끌
토성 거리에서 식별조차 어려운
아주 작은 푸른 점 하나

팽이처럼 돌면서
초속 30km 총알 우주선
다람쥐 쳇바퀴
목적지 없는 태양별 위성

땅따먹기 영웅호걸인들
누구도 벗어나지 못한
점 하나
창백한 푸른 점

연료도 없이 46억 년을 나는

지구라는 우주선
승선 우주인
호모 사피엔스 76억 세포

한시적 유기체 욕심 덩어리
차비도 평생 무료
멀미도 안 해

아웅다웅 전쟁놀이
우주선 날려버릴 핵무기도
기계인간 지배당할지도 모를

땅속으로 가야 여행 끝

달 토끼

지구 영원한 동반자
밤하늘의 친구
38만 km 영하 18도

대기 없어 상처투성이 곰보
동주기 자전으로 한쪽만 비춰
틈틈이 가리고 싶어
삭일때 좋아

반대편 토끼 나라
민낯 드러난 보름이면 떡방아
우주 방랑자
무사통과 기원하려고

토끼야
달떡 하나 주렴

달의 위상변화

달달 무슨 달
태양과 각도 변화지

지구 태양 사이 들어 0° 합삭일
초저녁 서쪽 하늘 초승달 45°
남쪽 상현달 90°
동쪽 떠오르는 보름달 180°
해 뜨기 전 동쪽 그믐달
남쪽 하현달 서쪽 보름달

초승 그믐달도 이름 있는데
이름 없는 달 이름표 줘야지
상현달 보름달 사이 상부달
보름달 하현달 사이 하부달

달의 공전주기 27.3일
달의 삭망주기 29.5일

화석에너지

지하자원
만들어지는데 수억 년
사라지는 건 순간
현대인 에너지 습성 알고
지구는 선물을 준비한 걸까

손쉽게 얻은 화석연료
석유 석탄 천연가스
이기적인 현대인들 미래세대 자원까지
싹쓸이 고갈 위기
지구온난화를 유산으로

화석에너지
자원 이전 생명체 흔적
지구의 역사

시조새

시조새가 왔다
억겁의 시간 거슬러
화석에서 깨어나 죽음으로

인간의
인간에 의한
인간을 위한 지구 아니라고

뱃속에 온갖 것
플라스틱 쓰레기 화석
퇴출 경고장

지구복사 평형

지구는 밥 먹는다
1억5천만km 달려온 태양에너지 밥
태양과 각도 따라 넘치고 부족해도
스스로 나눌 줄 알아

공기 데워져 올라가면 저기압
식어 내려오면 고기압
해류도 에너지 싣고 순환하며
날씨 변화 일으키지

욕심 부려
사막 100° 극지방 －100° 라면
풍요로운 생명체 낙원 되었을까

받은 만큼 나눠주고 돌려주고
지구생명체 대기 심지어 우주에도

지구복사평형 온도 15℃
지구는 자연은 스스로 노력해
인간이 무심한 거지
욕심 부리는 거지

온난화로 지구복사평형 16℃
1℃ 오른 들 호들갑이냐고
자연은 아니야

0℃ 와 1℃
얼음과 물
하늘과 땅

미안해 지구야
온난화 열병
우리가 지켜줄게

온실효과와 지구온난화

온실 들어가면 따뜻하지
달은 맨땅 드러내 영하 18도
지구는 솜이불 덮어 온실처럼 따뜻해
솜이불의 재료 이산화탄소 CO_2
편하다고 마구 껴입다 보면
한여름에도 솜이불 덮는 세상 올 거야

지구온난화

빙하 녹아 해수면 상승하면
해안 도시 침수
농경지 가라앉아 식량난
초지는 사막으로
초특급 태풍 허리케인
각종 전염병 창궐
적응 못 한 생물 종 대규모 멸종

지구 위기 인간 위기
CO_2 조절하는
열대 밀림 아마존 파괴하고
석유 석탄 끄집어내 마구 배출한 결과야

조화와 균형 깨져 지구온난화 오는 거야
한번 깨지면 도미노처럼
바다 온도 상승하면 그땐 이미 늦어
기체의 녹는점 온도와 반비례하거든
공기 중 CO_2 바다로 녹는 양 감소하고
바다에서 대기로 CO_2 방출량 증가하면
온난화 심화 수온 상승 17℃ 18℃ 연쇄 가속화
어찌할 수 없는 대재앙 시작이야

화석연료 사용 그만
태양에너지 자연에너지로 가야지
열대 밀림 파괴 중단 나무 심어야지
인간이 개입해 증가시킨 CO_2
마음먹기 따라 해결할 수 있어
아직은

인간의 혁명

불의 발견 자연계 지배자 된 인간
깨진 돌멩이 구석기
갈고 닦으니 신석기 문명
씨앗 발견 농업혁명 정착시대로
제련기술 알고 녹는점 낮은 청동기
철도 녹이는 철기문명 부족 국가로
잉여 생산물과 무기 발달
신에 바칠 제물 강요 약탈경제로
국가와 종교 탄생 전쟁의 시작이지

수천 년 동안 수제 산업으로 이어지는
전쟁 무기 생산 인간의 역사

18세기 증기기관 발명
수제에서 기계화로 비약적 제1차 산업 혁명
20세기 전기에너지 대량생산 2차 산업혁명

20세기 후반 컴퓨터 IT 3차 지식 정보화 혁명
2015년 인공지능 4차 만물 초지능 혁명 시대
사람 사물 공간이 대화하는 시대로

인공지능 AI와 경쟁하는 시대
신의 영역이라던 생명도 조작하는
기술 혁명
인간 혁명

혁명의 시대
수천 년에서 수백 년
수십 년으로 가속도 붙어
현재 진행형

지구는 천국

우주여행 꿈꾸나
무지개가 피어나는
은하수 흐르는 아름다운 곳

우주는 영하 270도
감마선 X선 방사능
빛이라곤 희미한 별빛뿐
암흑천지

지구 떠나면 무 생명
죽어서 가는 곳
가면 죽는 곳
지옥이다

생명체 사는 유일한 행성
천국은 지구에만
살아있는 이 순간만

소중한 지구

우주는
지구처럼 고등생명체가 있을까
무수하게 존재하지만 만날 수 없다면

1977년 발사된 초속 17km
보이저 우주선
태양별 빠져나가는데 40여 년
가까운 별 프록시마 가는데 74,000년

빛의 속도인들
다른 별 갈 수 없기에
아무리 많은 생명체 있다 한들
간섭이나 영향 줄 수 없다면

지적생명체 존재하는 유일한 지구
우주에서 단 하나뿐
소중한 지구

지구야 놀자

광활한 초원 물구나무서다
발아래 태양이 놓이고
지구 들다

지구야
사랑해
나랑 놀자

지구 사랑 톡 친구
01026520001